Inhalt

Steigende Frachtkosten - Optimierung tut Not

Kernthesen

Beitrag

Fallbeispiele

Weiterführende Literatur

Impressum

Steigende Frachtkosten - Optimierung tut Not

I.Zeilhofer-Ficker

Kernthesen

- Ausgelastete Kapazitäten und steigende Treibstoffkosten schlagen sich auf die Seefrachtraten durch und Schifftransporte werden nächsten Monaten noch teurer.
- Die Preise für LKW-Transporte werden durch die neue Lenk- und Ruhezeitenverordnung, hohe Dieselpreise und knappen Laderaum ebenfalls ansteigen.
- Frachtbörsen und Marktplätze sowie intelligente Transportmanagementsysteme können helfen, die Transportkosten auf akzeptablem Niveau zu halten.

Beitrag

Egal ob Designer- oder Aldi-Klamotten unsere Bekleidung kommt fast ausschließlich aus Fernost. Kameras werden aus Japan, Elektrogeräte aus der Türkei geliefert. Dafür schicken wir Autos und Maschinen in die ganze Welt. Möglich ist der globale Warenaustausch aber nur durch entsprechende Transportkapazitäten auf Schiffen, Zügen und LKWs. Die werden langsam knapp und die Preise steigen.

Schiffe Schmiermittel der Globalisierung

Der weltweite Warenaustausch ist auf Schiffe angewiesen. Zwei Drittel aller Warentransporte finden auf dem Seeweg statt, zwischen den Kontinenten liegt der Anteil gar bei 90 Prozent. 7,7 Milliarden Tonnen an Gütern wurden im Jahr 2006 verschifft, 2015 sollen es bereits elf Milliarden Tonnen sein. Die Globalisierung ist längst Realität geworden und die Weltwirtschaft würde ohne den stetigen Fluss von Waren und Gütern von einem Land ins andere, von Kontinent zu Kontinent, kläglich zusammenberechen. Und ein Ende dieser Entwicklung ist nicht abzusehen. Ganz im Gegenteil durch die weitere wirtschaftliche Entwicklung der Schwellenländer in Asien und Südamerika ist mit einem ständig wachsenden Transportaufkommen, vor allem auf See, zu rechnen. (1)

Trotz vieler Neubauten von hauptsächlich Containerschiffen in den letzten Jahren ist Frachtraum, vor allem für Transporte von Asien nach Europa oder USA, knapp. Der Energie- und Rohstoffhunger von China und anderen Schwellenländern limitieren außerdem die Transportkapazitäten für Massengüter. Engpässe der Hafeninfrastrukturen sowie niedrigere Fahrgeschwindigkeiten zum Sparen von teurem Treibstoff verschärfen die Situation weiter. (1), (2), (3)

Knapper Frachtraum bedeutet meist umgehend höhere Preise. Sind die Frachtraten vor zwei Jahren aufgrund der zusätzlich in den Dienst gestellten Schiffe in den Keller gerauscht, so ist seit Mitte 2006 eine Stabilisierung, seit Anfang diesen Jahres eine Verteuerung der Frachtraten erkennbar. Da mit Kapazitätsengpässen für Lieferungen von Asien nach Europa ab Mitte des Jahres zu rechnen ist, dürften weitere Preissteigerungen folgen. (2), (3), (4)

Wer auf Seefracht-Lieferungen angewiesen ist, sollte frühzeitig Kapazitäten sichern und versuchen, Frachtraten möglichst langfristig festzuschreiben. Ob sich die Reeder bei der momentanen Marktlage darauf einlassen werden, ist Verhandlungssache.

LKW innerdeutsch ungeschlagen

2,9 Milliarden Tonnen an Gütern wurden 2006 in Deutschland mit dem LKW transportiert, ein Plus von 5,7 Prozent. Dazu kommen 343 Millionen Tonnen Bahntransporte (plus acht Prozent) und 243 Millionen Tonnen mit dem Binnenschiff (plus drei Prozent). Die steigende Nachfrage sorgt auch hier für knappen Laderaum. Zusätzlich müssen die Spediteure mit steigenden Treibstoffpreisen zurecht kommen. Die im April 2007 in Kraft getretene EU-Lenk- und Ruhezeitenregelung begrenzt den Fahrereinsatz auf maximal 56 Stunden pro Woche und führt so zu höheren Personalkosten. All diese Faktoren bedingen die Notwendigkeit von höheren Frachtraten auf der Straße. Branchenbeobachter gehen davon aus, dass die Transportkosten im Stückgutbereich um vier bis zehn Prozent steigen werden, für Komplettladungen könnten sogar 20 Prozent Preiserhöhung möglich sein. (5), (6), (7)

Die Verlader haben sich auf die Situation bereits eingestellt rund 70 Prozent rechnen mit höheren Preisen im Laufe des Jahres 2007, ein Drittel geht von um mehr als vier Prozent teureren Preisen aus. Gleichzeitig prognostizieren die Marktteilnehmer aber auch ein höheres Transportaufkommen, was die Kapazitäten weiter verknappen könnte und höhere Preise noch wahrscheinlicher macht. (8)

Frachtkosten senken

Trotz steigender Frachtraten gibt es in den Unternehmen noch viele Möglichkeiten, die Ausgaben für Transportleistungen zu stabilisieren oder gar zu verringern. In einer Befragung der Aberdeen Group wurde festgestellt, dass viele Unternehmen keine optimale Beschaffung von Transportdienstleistungen betreiben. Nur ein Drittel der Befragten verwendete spezialisierte Softwaretools wie Transportmanagementsysteme oder elektronische Frachtvergabe. Ein weiteres Drittel behilft sich mit Tabellenkalkulationen und das letzte Drittel arbeitet ganz ohne Systemunterstützung. (9)

Ein optimierter Frachteinkauf kann über verschiedene Wege erreicht werden. Zentrale, elektronische Ausschreibungen, Benchmarking, Nachverhandlungen bei Änderung der Marktsituation, Transportmanagementsysteme und Frachtbörsen können helfen, die Kosten überschaubar zu halten. Dabei muss nicht unbedingt immer das billigste Transportangebot das beste sein. Qualität und Zuverlässigkeit sind oft Kriterien, die letztlich den Ausschlag für einen Auftrag geben. Ein gutes System stellt auch hierfür die notwendigen Vergleichsdaten zur Verfügung. (10), (11)

Ein optimaler Frachteinkauf kann erwiesener Maßen zu Kostensenkungen von über zehn Prozent führen. Prozesskostensenkungen und Produktivitätssteigerungen bei Einkauf und Disposition von Transportaufträgen kommen dabei noch hinzu. (12)

Fallbeispiele

Die Frachtbörse Cargoclix vermittelte im Jahr 2006 ein Transportvolumen von 760 Millionen Euro. Jeder Marktteilnehmer wird vor Freigabe auf Zuverlässigkeit und Bonität überprüft. Für die Ausschreibung von Transporten können maßgeschneiderte Masken verwendet werden. Einsparungen von durchschnittlich zehn Prozent werden durch Nutzung der Börse erzielt. (11)

22 Chemieunternehmen nutzen die Online-Plattform der Firma Elemica, an die 300 Logistikunternehmen angeschlossen sind. Große Stärke der Plattform ist der direkte, elektronische Austausch aller wichtigen Dokumente mit den entsprechenden Warenwirtschaftssystemen ohne Medienbrüche. (11)

Eine Kombination von Transportmanagementsystem und Frachtenbörse ist das System TISYS von Transporeon. Alle Transportaufträge werden in das System eingestellt, die registrierten Frachtführer wählen dann die für sie passenden Ladungen aus. Durch den direkten Zugriff kann Laderaum optimal verplant werden und auch Anschlussladungen werden leichter gefunden. Der Verlader profitiert von stabilen Basispreisen, die im Höchstfall um fünf Prozent variieren können. (12)

Das Transportmanagementsystem PSI tms der PSI Logistics GmbH plant alle Transportaufgaben eines Unternehmens, auch über verschiedene Lager oder Umschlagpunkte hinweg. Intermodale Transportketten stellen kein Problem dar. Neben vielen anderen Funktionen kann mit dem System eine Frachtraumoptimierung, eine Bündelung von Transporten sowie eine automatische Tourenplanung durchgeführt werden. Eine Visualisierung von Transportnetzwerken ist möglich. Durch die Optimierung der Touren lassen sich

Frachtkosteneinsparungen von über zehn Prozent verwirklichen. (14)

Weiterführende Literatur

(1) Rose, Sascha, Überseelogistik Volle Fahrt voraus, FOCUS-MONEY, 06.06.2007, Ausgabe 24, S. 52 53
aus "a3-gast" Nr. 05/07 vom 16.05.2007 Seite: 32

(2) Der Containerverkehr im Ungleichgewicht Massive Ausbaupläne in Asien bei unvermindertem Preisdruck
aus Neue Zürcher Zeitung, 01.02.2007, Nr. 26, S. 31

(3) Hollmann, Michael, So gut verdienten Bulker lange nicht, DVZ Deutsche VerkehrsZeitung Nr. 56, 10.05.2007
aus Neue Zürcher Zeitung, 01.02.2007, Nr. 26, S. 31

(4) Globalisierung bringt Schwung in Logistikaktien Keine Spur von Abschwächung – Globalisierung und Konsolidierung als Wachstumstreiber – Panalpina haben attraktives Risikoprofil
aus Finanz und Wirtschaft vom 06.06.2007, Seite 17

(5) O.V., Straße und Schiene im Plus, DVZ Deutsche VerkehrsZeitung Nr. 67, 05.06.2007
aus Finanz und Wirtschaft vom 06.06.2007, Seite 17

(6) Ende der Hundstage
aus "Industriemagazin" Nr. 2/07 vom 01.02.2007 Seite:

(7) Firmen erwarten höhere Transportpreise
aus ftd.de vom 29.03.2007

(8) Preise weiter auf hohem Niveau
aus VerkehrsRundschau, Heft 13/2007, S. 20

(9) Grund-Ludwig, Pia, Frachtkosten erfolgreich senken, DVZ Deutsche VerkehrsZeitung, Nr. 41-42, 05.04.2007
aus VerkehrsRundschau, Heft 13/2007, S. 20

(10) Jahresausblick 2007 Entwicklungen und Tendenzen in Beschaffung und Logistik
aus BA Beschaffung aktuell, Heft 2, 2007, S. 31

(11) Bottler, Stefan, Verlader suchen sich eigene Frachtenbörsen, DVZ Deutsche VerkehrsZeitung, Nr. BVWI, 19.04.2007
aus BA Beschaffung aktuell, Heft 2, 2007, S. 31

(12) Preisdrücker oder Frachtbringer?
aus VerkehrsRundschau, Heft 15/2007, S. 20

(13) Kohagen, Jens, Verlader fordern mehr Qualität von Dienstleistern, DVZ Deutsche VerkehrsZeitung, Nr. BVWI, 19.04.2007
aus VerkehrsRundschau, Heft 15/2007, S. 20

(14) Transportmanagementsystem TMS reduziert Frachtkosten um mehr als zehn Prozent Rationalisierungspotenziale ausschöpfen

aus FM Fracht + Materialfluß, Heft 6, 2007, S. 52

Impressum

Steigende Frachtkosten - Optimierung tut Not

Bibliografische Information der deutschen Nationalbibliothek

Die Deutsche Nationalbibliothek verzeichnet diese Publikation in der deutschen Nationalbibliografie; detaillierte bibliografische Daten sind im Internet über http://dnb.d-nb.de abrufbar.

ISBN: 978-3-7379-1072-9

© 2015 GBI-Genios Deutsche Wirtschaftsdatenbank GmbH, Freischützstraße 96, 81927 München, www.genios.de

Alle Rechte vorbehalten. Dieses Werk ist einschließlich aller seiner Teile – z.B. Texte, Tabellen und Grafiken - urheberrechtlich geschützt. Jede Verwertung außerhalb der Grenzen des Urheberrechtsgesetzes bedarf der vorherigen Zustimmung des Verlags. Dies gilt insbesondere auch für auszugsweise Nachdrucke, fotomechanische Vervielfältigungen (Fotokopie/Mikroskopie), Übersetzungen, Auswertungen durch Datenbanken oder ähnliche Einrichtungen und die Einspeicherung und Verarbeitung in elektronischen Systemen.